母爱歌

——献给每一位爱孩子的母亲

朱乐全【著】

北方妇女儿童出版社

图书在版编目（CIP）数据

母爱歌：献给每一位爱孩子的母亲／朱乐全著. --
长春：北方妇女儿童出版社，2019. 4
ISBN 978-7-5585-2882-8

Ⅰ.①母… Ⅱ.①朱… Ⅲ.①随笔-作品集-中国-
当代 Ⅳ.①I267. 1

中国版本图书馆 CIP 数据核字（2018）第 251716 号

出 版 人　刘　刚
责任编辑　刘　刚
封面设计　东方朝阳
开　　本　880×1230mm　1/32
印　　张　3
字　　数　40 千字
印　　刷　北京长宁印刷有限公司
版　　次　2019 年 4 月第 1 版
印　　次　2019 年 4 月第 1 次印刷
出　　版　北方妇女儿童出版社
发　　行　北方妇女儿童出版社
地　　址　长春市人民大街 4646 号
　　　　　邮　编：130021
电　　话　0431-85640624
定　　价　36. 00 元

前 言

当今，大家越来越意识到家庭教育的重要，越来越意识到母亲这个角色在家教中的重要作用。

母亲们都是爱孩子的，但是怎样的爱才是伟大的爱？爱孩子应该怎样做？爱孩子的目的是什么？这些很具体的问题，很多的母亲是不明了的。我们民族的古训——《弟子规》、《三字经》等，内容是很丰富的，但这些内容很多已不适合我们当今的时代了，在此，我将《弟子规》与《三字经》进行了重新的编辑，取其精华，去其糙粕，再加进我们当代的道德规范，形成了这本《母爱歌》，真诚地献给每一位爱孩子的母亲。

《母爱歌》共有八篇内容，非常具体地告诉母亲怎样做母亲，怎样爱孩子，怎样培养孩子的优秀品德。孩子们都是在母亲的影响下长大的，母亲是孩子的第一任老师，也是终生的老师，母亲所任教的，就是孩子的品德，不管母亲的文化水平有多高或者有多低，做一个品德高尚的君子，是都能够做到的。

母亲在教孩子《母爱歌》时，首先要身体力行，想要孩子怎样做，首自己要怎样做，要像《母爱歌》中写的那样，做一个真真切切的正人君子，母亲只有做一个真正的好人，才能培养真正的好孩子，来不得虚假，来不得敷衍。

那么，母亲们愿意做一个真正的正人君子吗？愿意培养真正的正人君子吗？这取决于我们的社会是否公平正义，是否亲君子远小人，如果好人总是被排挤、被打压，那谁还愿意做好人、教好子呢？如果社会不是一个向善祛恶的社会，我们就很难调动起母亲们的积极性。比如岳飞之母，就是一个很好的例子。岳母教子精忠报国，可是岳飞却被国家以"无须有"的罪名杀害了。这样的社会能调动起母亲们的积极性吗？

我们当今的时代，比之岳飞所在的封建社

会，已发生了翻天覆地的变化，以习近平同志为领导核心的中国共产党，是向善憎恶、公平正义的党，正在带领人民建设富强、民主、文明、和谐、美丽的新时代中国特色社会主义现代化强国，正在倡导自由、平等、公正、法治，要求人民爱国、敬业、诚信、友善，从严治党也在不断加强，在这样光明、美好、伟大的时代，我们做父母的，就应该积极响应党的号召，跟上时代的步伐，做好人、教好子！

虽然当今社会上还有嫉贤妒能等现象存在，但是，只要共产党的领导坚强有力、矢志不移，只要我们的母亲们都能响应党的号召、掌握科学的母爱，只要我们的孩子们都能优秀正义、真正健康，那么，我们的国家将是幸福的国家，我们的社会将是幸福的社会，我们的人民将是幸福的人民，共产主义也一定能实现，重任就在母亲肩上。

朱乐全

2018 年 5 月 26 日

目　录

第一部分　母爱歌

人之初，善私混，于理智，则空白。须教化，须抚爱。养不教，母之过。

一、爱心篇

母教子，传递爱。爱父母，爱兄妹，爱学友，爱师长，爱祖国，爱政党。爱之本，为奉献。香九龄，能温席。融四岁，能让梨。善善让，品德尚。及成年，爱心俱，十八岁，成年礼，既感恩，又施恩。

二、学习篇

欲施恩，勤学习。语数英，理化生，各门课，皆趣生。读书法，有三到：心眼口，信皆要。方读此，勿慕彼，此未终，彼勿起。宽为限，紧用功，工夫到，滞塞通。心有疑，随札记，就人问，求确义。书籍者，阶梯也，定方向，拾级上，志不移，巅峰及。学而思，思而用，用有撷，是智者。列典籍，有定处，读看毕，还原处，虽有急，整理齐，有缺损，就补之。昔仲尼，师项橐，古圣贤，尚勤学。赵中令，读《鲁论》，彼既仕，学且勤。披蒲编，削竹简，彼无书，且知勉。头悬梁，锥刺股，彼不教，自勤苦。如囊萤，如映雪，家虽贫，学不辍。如负薪，如挂角，身虽劳，犹苦卓。苏老泉，二十七，始发愤，读书籍。若梁灏，八十二，对大廷，魁多士。彼既老，犹悔迟，尔小生，宜早思。莹八岁，能咏诗；泌七岁，能赋棋；蔡文姬，能辨琴；谢道韫，能咏吟；唐刘晏，方七岁，举神童，作正字。彼虽幼，众称奇，尔幼学，勉而致。犬守夜，鸡司晨；蚕吐丝，蜂酿蜜；人不学，不如物。不力行，但学文，长浮华，成何人！但力行，不学文，任己见，昧理真。少年兴，则国兴，少年强，则国强，学本领，长智慧，献祖国，报答党，为人民，为人类。

三、品德篇

家庭中，要民主，母教子，爱首充。朝起早，夜眠迟，老易至，惜此时。晨必盥，兼漱口；便尿回，辄净手。冠必正，纽必结，袜与履，俱紧切。置冠服，有定位，勿乱顿，致污秽。衣贵洁，不贵华，对饮食，勿拣择。年方少，勿饮酒，饮酒醉，最为丑。站如松，莫跛倚；坐如钟，莫晃体；勿箕踞，勿摇髀。缓揭帘，勿有声。宽转弯，勿触棱。执虚器，如执盈；入虚室，如有人。事勿忙，忙多错，勿畏难，勿轻略。斗闹场，绝勿近，邪僻事，绝无问。将入门，问孰存；将上堂，声必扬。人问谁？对以名，吾与我，不分明。用人物，须明求，倘不问，即为偷。借人物，及时还；人借物，有勿悭。凡出言，信为先，诈与妄，奚可焉！话说多，不如少，惟其是，勿佞巧。刻薄语，秽污词，市井气，切戒之。见未真，勿轻言；知未的，勿轻传。事非宜，勿轻诺，苟轻诺，进退错。凡道字，重且舒，勿急疾，勿模糊。见人善，即思齐，纵去远，以渐跻。见人恶，即内省，有则改，无加警。惟德学，惟才艺，不如人，当自励；若衣服，若饮食，不如人，勿生戚。闻过怒，闻誉乐，损友来，益友却；闻誉恐，闻过欣，直谅士，渐相亲。无心非，名为错，有心非，名为恶，过能改，归于无，倘掩饰，增一辜。人有私，不为错，私为恶，乃罪过。

四、交友篇

凡是人，皆须爱，天同覆，地同载。行高者，名自高，人所重，非貌高。才大者，望自大，人所服，非言大。己有能，勿自私；人有能，勿轻訾。勿谄富，勿骄贫，勿厌故，勿喜新。人不闲，勿事扰，人不安，勿话扰。人有短，切莫揭，人有私，切莫说。道人善，即是善，人知之，愈思勉。扬人恶，即是恶，疾之甚，祸且作。善相劝，德皆建，过不规，道两亏。凡取与，贵分晓，与宜多，取宜少。严律己，宽待人。人无度，则无友。将加人，先问己，己不欲，即速已。恩欲报，怨欲忘，报怨短，报恩长。势服人，心不然，理服人，方无言。果仁者，人多畏，言不讳，色不媚。能亲仁，无限好，德日进，过日少；不亲仁，无限害，小人进，百事坏。

五、公德篇

小朋友，要节俭。一粒米，一滴水，一度电，一张纸，日积累，用途大。通电话，先问好，语要轻，声要朗，勿戏闹，勿粗野。玩游戏，有时度，莫误事，莫伤目。马路行，右边走，过马路，绿灯行。乘公交，排队上，勿拥挤，勿吵闹，老弱残，让位站。驾车行，守规则，勿酒驾，勿抛物，礼三先，控车速，斑马线，让人路。旅游者，开眼界，衣冠整，言行稳，莫喧哗，莫写画，莫吸烟，莫吐丢，莫争抢，讲秩序。出国游，更自谨，争国誉，树国威。

六、知识篇

玉不琢，不成器；人不学，不明智。子不学，非所宜。一而十，十而百，百而千，千而万。三光者：日月星。三才者：天地人。三欲者：生物情。三情者：亲爱友。曰春夏，曰秋冬，此四时，运不穷。曰南北，曰西东，此四方，应乎中。马牛羊，鸡犬豕，此六畜，人所饲。心喜怒，心哀乐，苦悲愁，七情具。高曾祖，父而身，身而子，子而孙，自子孙，至玄曾，乃九族，人之伦。母子恩，夫妇平，兄姐友，弟妹恭，长幼序，友与朋，君则敬，臣则忠，此十义，人所同。曰仁义，礼智信，此五常，不容紊。男女孩，平坐起，性器官，有差异，男鸡鸡，女兔兔，不结婚，勿交合。苟窃合，羞而堕。俟已婚，执手没。尧舜禹，夏商周，春秋战，乱悠悠，秦汉三，晋统一，南

北朝，是对头，隋唐五，十国宋，元明清，帝王
休。孙中山，志未酬。共产党，爱大众。马克思，
指航路。

七、孝心篇

孩子小，须教导，身教做，言教缘，教之中，慈填充。父母慈，子女孝，慈在先，孝在后。亲恶子，莫要孝，亲爱子，孝必然。父母呼，应勿缓；父母命，行勿懒；父母教，须敬听；父母责，须顺承，出必告，返必面。事虽小，勿擅为，苟擅为，子道亏；物虽小，勿私藏，苟私藏，亲心伤。亲所好，力为具；亲所恶，谨为去。身有伤，贻亲忧；德有伤，贻亲羞。亲有过，谏使更，怡吾色，柔吾声。亲有疾，床不离，丧尽礼，祭尽诚。兄姐友，弟妹恭，手足亲，孝在中。财物轻，怨何生？言语忍，忿自泯。称尊长，勿呼名，对尊长，勿呈能。尊长前，声要低，问起对，视勿移。事诸父，如事父；事诸兄，如事兄。

八、母爱篇

母爱者，母本能，科学爱，母伟恒。昔孟母，择邻处，子不学，断机杼。窦燕山，有义方，教五子，皆卓越。爱孩子，为什么？为子健，为奉献。子健者，范畴三：曰思想，曰心理，曰身体。或卓越，或平凡，品德好，都是宝。求复兴，求共产，重任在，母亲肩。

参考书目：《弟子规》、《三字经》。

第二部分

《母爱歌》注解

人之初，善私混，于理智，则空白。须教化，须抚爱。养不教，母之过。

人之初，善私混，于理智，则空白。须教化，须抚爱。养不教，母之过。

注解：人的本性是善、私相混合的，既有善的一面，也有私的一面，但是在人的理智上、思维上，人之初是空白的。必须进行教化，必须进行抚爱。如果只饲养，不教化，则是母亲的过错。在封建时代，女人没有文化，所以，《三字经》中说"养不教，父之过。"而在女性与男性同时有文化的当代，母亲对孩子的影响是更大的，所以说："养不教，母之过。"

一、爱心篇

母教子，传递爱①。爱父母，爱兄妹，爱学友，爱师长，爱祖国，爱政党。爱之本，为奉献②。香九龄，能温席③。融四岁，能让梨④。善善让，品德尚⑤。及成年，爱心俱⑥，十八岁，成年礼⑦，既感恩，又施恩⑧。

注解：

①母亲教化孩子，最核心的是传递一颗爱心。

②爱的本质，是奉献。

③东汉人黄香，九岁时就知道孝敬父亲，替父亲暖被窝。

④汉代人孔融四岁时，就知道把大的梨让给哥哥吃。

⑤人与人之间能够善善相让，这是极高尚的品德。

⑥人到了身体成年的时候，爱心也应该俱全。

⑦到了十八周岁，应该行成年礼。

⑧成年礼的最重要内容，就是不仅要有感恩之心，而且还要增加施恩之心。

二、学习篇

欲施恩，勤学习①。语数英，理化生②，各门课，皆趣生③。读书法，有三到：心眼口，信皆要④。方读此，勿慕彼，此未终，彼勿起⑤。宽为限，紧用功，工夫到，滞塞通⑥。心有疑，随札记，就人问，求确义⑦。书籍者，阶梯也，定方向，拾级上，志不移，巅峰及⑧。学而思，思而用，用有撷，是智者⑨。列典籍，有定处，读看毕，还原处⑩，虽有急，整理齐，有缺损，就补之⑪。昔仲尼，师项橐，古圣贤，尚勤学⑫。赵中令，读《鲁论》，彼既仕，学且勤⑬。披蒲编，削竹简，彼无书，且知勉⑭。头悬梁，锥刺股，彼不教，自勤苦⑮。如囊萤，如映雪，家虽贫，学不辍⑯。如负薪，如挂角，身虽劳，犹苦卓⑰。苏老泉，二十七，始发愤，读书籍⑱。若梁灏，八十二，对大廷，魁多士⑲。彼既老，犹悔迟，尔小生，宜早思⑳。莹八岁，能咏诗㉑；泌七岁，能赋棋㉒；蔡文姬，能辨琴㉓；谢道韫，能咏吟㉔；唐刘晏，方七岁，举神童，作正字㉕。彼虽幼，众称异，尔幼学，勉而致㉖。犬守夜，鸡司晨㉗；蚕吐丝，蜂酿蜜㉘；人不学，不如物㉙。不力行，但学文，长浮华，成何人㉚！但力行，不学文，任己见，昧理真㉛。少年兴，则国兴，少年强，则国强，学本领，长智慧，献祖国，报答党，为人民，为人类。

注解：

①要想对人、对民、对国施恩，就要勤奋学习。

②语文、数学、英语，物理、化学、生物。

③对各门功课，都要产生乐趣。

④信，确实。要，重要。读书有三种方法，就是心到、眼到、口到。心要记，眼要看，口要读，这三者确实都极其重要。

⑤正在读这本书的时候，就不要想着那本书，这

本书还没有读完，就不要去读另一本书。

⑥限，读书的期限。滞塞，迷惑困顿的地方。可以把学习的期限放宽一些，但在学习时要抓紧时间用功，在学习过程中只要细心探究，不懂的地方就会自然弄懂。

⑦疑，疑问。求，寻求。确，准确。假如心有疑问，就要随时做好记录，虚心向别人请教，以求得准确的意义。

⑧书籍是人类进步的阶梯，读书要先确定学习的方向，学习方向确定后，要根据方向的需要选择图书，只有矢志不移、逐级攀登，才能达到科学的巅峰。

⑨学习要勤思考，思考要付诸实践，能够在实践中采撷出高于前辈的理论，才是有智慧的人。

⑩列，摆放。毕，完。摆放书籍要有固定的地方，读完一本书后必须把书放回原来的地方。

⑪虽，即使。就算有急事不看书了，也必须把书本整理好，假如书本有缺损，应该及时修补完整。

⑫师，拜师。从前，孔子是个十分好学的人，当时鲁国有一位神童名叫项橐，孔子就曾向他学习。像孔子这样伟大的圣贤，尚不忘勤学，何况我们普通

人呢？

⑬《鲁论》，即《论语》。宋朝时赵中令——赵普，他官已经做到了中书令了，天天还手不释卷地阅读《论语》，不因为自己已经当了高官，而忘记勤奋学习。

⑭披，劈开。西汉时路温舒把文字抄在蒲草上阅读，公孙弘将《春秋》刻在竹子削成的竹片上诵读。他们两人都很穷，买不起书，但却都不忘勤奋学习。

⑮股，大腿。晋朝的孙敬读书时把自己的头发拴在屋梁上，以免打瞌睡。战国时的苏秦读书，每到疲倦时，就用锥子刺大腿，他们不用别人督促而自觉勤奋苦读。

⑯辍，停止。晋朝人车胤，把萤火虫放在纱袋里照明读书。孙康则利用积雪的反光来读书。他们两人家境贫苦，却能在艰苦条件下继续求学。

⑰负，背。薪，柴。汉朝的朱买臣，以砍柴维持生活，每天边担柴边读书。隋朝李密放牛把书挂在牛角上，有时间就读。他们在艰苦的环境里仍坚持读书。

⑱苏老泉，即苏洵，宋朝著名的散文家、政论家，"唐宋八大家"之一。苏洵，号大泉，小时候不想念

书，到了二十七岁的时候，才开始下决心努力学习，后来成了大学问家。

⑲大廷，皇宫大殿。魁，夺魁。宋朝有个梁灏，在八十二岁时才考中状元，在金殿上对皇帝提出的问题对答如流，所有参加考试的人都不如他。

⑳犹，才。尔，你。像苏老泉、梁灏上了年纪，才后悔当初没好好读书，而你们年纪轻轻，更应该把握大好时光，发奋读书，才不至于将来后悔。

㉑咏，咏吟。北齐有个叫祖莹的人，八岁就能吟诗，后来当了秘书监著作郎。

㉒唐朝有个叫李泌的人，七岁时就能以下棋为题而作出诗赋。

㉓辨，分辨。东汉末年的蔡文姬能分辨琴声好坏。

㉔晋朝的谢道韫则能出口成诗。

㉕举，推举。唐玄宗时，有一个名叫刘晏的小孩子，才只有七岁，就被推举为神童，并且做了负责勘正文字的官。

㉖异，惊异。勉，努力，尽力。他们虽然年龄这么小，却使大家感到惊异，你们应该像他们一样，在幼小时就发奋学习，直到成功。

㉗狗在夜间会替人看守家门，鸡在每天早晨天亮时报晓。

㉘蚕吐丝以供我们做衣料，蜜蜂可以酿制蜂蜜，供人们食用。

㉙人要是不懂得学习，以自己的知识、技能来实现自己的价值，真不如小动物。

㉚力行，尽力去做。但，只是。长，增长。倘若不努力实践仁义，而只是学习经典文献，就会滋长浮华的作风，将来怎会成为一个有用的人！

㉛任，任意。昧，蒙昧。如果只是一昧地做，而不努力学习经典文献，就容易只凭自己的见解去为人处世，就不会明白道理的真与假。

三、品德篇

　　家庭中，要民主，母教子，爱首充①。朝起早，夜眠迟，老易至，惜此时。晨必盥，兼漱口②；便尿回，辄净手③。冠必正，纽必结，袜与履，俱紧切。置冠服，有定位，勿乱顿，致污秽。衣贵洁，不贵华④，对饮食，勿拣择。年方少，勿饮酒，饮酒醉，最为丑。站如松，莫跛倚⑤；坐如钟，莫晃体，勿箕踞，勿摇髀⑥。缓揭帘，勿有声。宽转弯，勿触棱。执虚器，如执盈⑦；入虚室，如有人⑧。事勿忙，忙多错，勿畏难，勿轻略⑨。斗闹场，绝勿近，邪僻事，绝无问。将入门，问孰存；将上堂，声必扬。人问谁？对以名，吾与我，不分明⑩。用人物，须明求，倘不问，即为偷。借人物，及时还，人借物，有勿悭⑪。凡出言，信为先，诈与妄，奚可焉⑫！话说多，不如少，惟其是，勿佞巧⑬。刻薄语，秽污词，市井气，切戒之⑭。见未真，勿轻言；知未的，勿轻传⑮。事非宜，勿轻诺，苟轻诺，进退错⑯。凡道字，重且舒，勿急疾，勿模糊⑰。见人善，即思齐，纵去远，以渐跻⑱。见人恶，即内省，有则改，无加警⑲。惟德学，惟才艺，不如人，当自励；若衣服，若饮食，不如人，勿生戚⑳。闻过怒，闻誉乐，损友来，益友却㉑；闻誉恐，闻过欣，直谅士，渐相亲㉒。无心非，名为错，有心非，名为恶㉓；过能改，归于无，倘掩饰，增一辜㉔。人有私，不为错，私为恶，乃罪过㉕。

注解：

①家庭中要讲民主，不要有大家长作风，母亲教育孩子，首先要充满母爱，要在爱的前提下教化孩子。

②盥（guan），洗脸。早晨起床后必须先洗脸洗手，并且还要刷牙漱口。

③每次大小便后，必须立即把手洗干净。

④贵，以为贵。洁，整洁。华，华丽。衣服贵在

整洁干净，而不在于华丽漂亮。

⑤跛倚，歪斜站着。站立时要像松树一样直，不要身体歪曲斜倚。

⑥坐着的时候要像钟一样端正，不要摇晃身体，不要两腿叉开，不要摇晃大腿。

⑦执，拿着。虚器，空的器具。手里拿着没有盛东西的器具，就如同拿着装满东西的器具一样小心。

⑧走进没有人的房间，就如同走进有人的房间一样小心。

⑨轻略，轻慢，草率。做事不能过于匆忙，匆忙时容易发生差错，做事时不可以畏惧困难，也别轻率地对待看似简单的事。

⑩对，回答。在别人问是谁时，就要将自己的姓名告知对方，假如只回答"是我"、"是吾"，对方就弄不清楚究竟是谁。

⑪还，归还。悭（qiān），吝啬。借别人的东西，必须在约定的时间里归还，如果别人向你借东西，自己有的话就应该答应，不可以吝啬不借。

⑫信，诚信。妄，虚妄，荒诞。奚，怎么，何。一切承诺，首先要讲究信用，欺骗蒙混，胡言乱语，

这怎么可以呢?

⑬佞巧，投人所好。说话多，不如少说，因为言多有失，说的话只要做到恰当无误就可以了，千万不要花言巧语。

⑭市井，街市。尖酸刻薄的言辞和下流的话，千万不要说，粗俗的市侩习气，必须彻底戒掉。

⑮的，确实。对于自己没有完全看清楚的事情，不可以随便乱说，对自己没有明确了解的事情，别轻易散布出去。

⑯宜，适宜。诺，许诺。对于不妥当的事情，不可以随便就答应别人，如果你轻易许诺，你就会陷入进退两难的境地，做是错，不做也是错。

⑰道，说。字，话。重，声音清楚。在说话的时候，声音要重而且流畅，不要讲得太快，也不可以讲得含糊不清。

⑱齐，向……看齐。纵，纵然。跻，上升。看到别人的优点和善行，就必须向他学习，就算和他相差得很远，自己只要努力去做，也会渐渐赶上他。

⑲改，改正。警，警惕。发觉别人做了坏事，就要自我检讨，假如发现自己有错误就必须改正，假如

自己没有做错事也要加以警惕。

⑳惟，只有。励，勉励。戚，悲伤。只有品德、学问、才能、技艺如果不如别人，应当自我勉励，勤奋努力，赶上他人。若是自己的穿着没有别人漂亮，自己的饮食不如别人丰盛，就不必难过悲哀。

㉑过，过错。损友，不好的朋友。却，退却。如果在听到别人说自己的缺点时就生气，听到别人恭维自己时就高兴，这样，不好的朋友就会与你交往，有益的朋友就会同你断交。

㉒恐，惊恐。直，正直。谅，诚信。在听到别人称赞自己时就感到惶恐不安，在听到别人指出自己的过错时就欣然接受，这样，那些正直诚实的人，就会逐渐与你亲近起来。

㉓无心，无意。非，过错。如果无意之中做了坏事，这叫"错"，若是故意为非作歹，这就叫"恶"。

㉔辜，罪。犯了错误而能够及时改正，就相当于没有做过错事一样，若犯了错反而加以掩饰，那就是错上加错了。

㉕人有私心不是过错，将心中的私演化为恶，则是罪过。

四、交友篇

凡是人，皆须爱，天同覆，地同载①。行高者，名自高，人所重，非貌高②。才大者，望自大，人所服，非言大③。己有能，勿自私；人有能，勿轻訾④。勿谄富，勿骄贫，勿厌故，勿喜新⑤。人不闲，勿事扰，人不安，勿话扰⑥。人有短，切莫揭，人有私，切莫说⑦。道人善，即是善，人知之，愈思勉⑧。扬人恶，即是恶，疾之甚，祸且作⑨。善相劝，德皆建，过不规，道两亏⑩。凡取与，贵分晓，与宜多，取宜少⑪。严律己，宽待人。人无度，则无友⑫。将加人，先问己，己不欲，即速已⑬。恩欲报，怨欲忘，报怨短，报恩长⑭。势服人，心不然，理服人，方无言⑮。果仁者，人多畏，言不讳，色不媚⑯。能亲仁，无限好，德日进，过日少⑰；不亲仁，无限害，小人进，百事坏⑱。

注解：

①凡，只要。皆，都。覆，遮盖。无论是什么人，都需要相互关心和爱护，因为我们生活在同一片天空下，生活在同一个地球上。

②行，德行。一个人行为高尚，他的名望自然就会提高，这是因为人们所看重的并不是外貌的美丽。

③才，才能。望，名望。服，佩服。一个人若有广博的才学，他的声望自然会大，人们所佩服的是有真才实学的人，而不是自我吹嘘的人。

④訾（zǐ），诋毁。自己有才能，不可以自私自利；别人有才能，不要心生嫉妒，说别人的坏话。

⑤谄（chǎn），谄媚。厌，厌烦。故，老的，旧的。不可以去曲意逢迎有钱人，不可以对穷人骄横无礼，不要厌弃以前的故人旧友，不要只喜欢新交的朋友。

⑥闲，闲暇。扰，打扰。在别人十分忙碌的时候，别用事情去打扰，在别人心情不安的时候，不要找他说话而打扰他。

⑦短，短处，缺点。发觉了别人的短处，千万别揭发出来，发现了别人的隐私，也绝对不要去说破。

⑧道，说。愈，更加。勉，努力。称赞别人的善行，就如同是做了一件善事，因为别人知道你在宣扬他的善行，就会更加勉励自己，进一步努力向善。

⑨扬，宣扬。且，就。作，发生。宣扬别人行为上的短处，就等于是一种罪恶，总是说别人的短处，别人就会憎恨你，你就会招致祸患。

⑩规，规劝。发现了别人的长处，，要给予鼓励，这对双方的品德都有益处，发现别人的过失却不加规劝，这对双方来说都是一种亏损。

⑪与，给。分晓，清楚。无论是从别人手里得到东西，还是把东西送给别人，都要分得清清楚楚，给予别人的东西应该多些，获取别人的东西应该尽量少些。

⑫度，度量。严于律己，宽以待人，人如果没有度量，就没有朋友。

⑬欲，喜欢。已，停止。打算要求别人去做的事，首先要问一问自己愿不愿意去做，若是连自己都不愿意去做的事，就该立刻停止。

⑭受人恩惠，要时时想着报答，对别人的怨恨，要尽快忘记。对别人怨恨的时间越短越好，对别人报恩的时间越长越好。

⑮势，势力。然，这样。用势力去压服别人，别人就会口服心不服，用道理去说服别人，别人才可能心悦诚服。

⑯果，果真。讳，避讳。真正的仁者，人们对待他都是心怀敬畏，说话时也就直言不讳，脸色更不献媚。

⑰亲，亲近。德，德行。日，渐渐。如果能与品行高尚的仁者亲近，就会得到很多的益处，个人的品德就会一天天地进步，而过失就会逐步减少。

⑱不去亲近品德高尚的仁者，会有很多的坏处，这样小人就会乘机而来，什么坏事就都做出来了。

五、公德篇

小朋友，要节俭。一粒米，一滴水，一度电，一张纸，日积累，用途大。通电话，先问好，语要轻，声要朗，勿戏闹，勿粗野。玩游戏，有时度，莫误事，莫伤目。马路行，右边走，过马路，绿灯行。乘公交，排队上，勿拥挤，勿吵闹，老弱残，让位站。驾车行，守规则，勿酒驾，勿抛物，礼三先①，控车速，斑马线，让人路。旅游者，开眼界，衣冠整，言行稳，莫喧哗，莫写画，莫吸烟，莫吐丢，莫争抢，讲秩序。出国游，更自谨，争国誉，树国威。

注解：

礼三先，即礼让三先：先让、先慢、先停。

六、知识篇

玉不琢，不成器；人不学，不明智①。子不学，非所宜②。一而十，十而百，百而千，千而万③。三光者：日月星④。三才者：天地人⑤。三欲者：生物情⑥。三情者：亲爱友⑦。曰春夏，曰秋冬，此四时，运不穷。曰南北，曰西东，此四方，应乎中。马牛羊，鸡犬豕，此六畜，人所饲。心喜怒，心哀乐，苦悲愁，七情具⑧。高曾祖，父而身，身而子，子而孙，自子孙，至玄曾，乃九族，人之伦⑨。母子恩，夫妇平，兄姐友，弟妹恭，长幼序，友与朋，君则敬，臣则忠，此十义，人所同⑩。曰仁义，礼智信，此五常，不容紊⑪。男女孩，平坐起，性器官，有差异，男鸡鸡，女兔兔，不结婚，勿交合⑫。苟窃合，羞而堕⑬。俟已婚，执手没⑭。尧舜禹，夏商周，春秋战，乱悠悠，秦汉三，晋统一，南北朝，是对头，隋唐五，十国宋，元明清，帝王休⑮。孙中山，志未酬⑯。共产党，爱大众。马克思，指航路。

注解：

①琢，打磨、雕琢。器，器物。玉不打磨雕刻，不会成为精美的器物，人如果不学习，就不会有智慧。

②非，不是，表示否定的意思。宜，适宜、合适。小孩子不好好学习，是很不应该的。

③而，连词，表示是的意思。我国采用十进位算术方法：一到十是基本的数字，然后十个十是一百，十个一百是一千，十个一千是一万。

④者，虚词，没有实际意思。三光，指的是太阳、月亮、星星。

⑤三才指的是：天、地、人。

⑥三欲，指的是人有三大欲望，即生欲、物欲、情欲。

⑦三情，指的是人际交往中有三种情感，即亲情、爱情、友情。

⑧喜、怒、哀、乐、苦、悲、愁，这七情，是人

都具备的内心情感。

⑨由高祖父生曾祖父，曾祖父生祖父，祖父生父亲，父亲生我，我生儿子，儿子再生孙子，孙子再接下去，就是玄孙和曾孙。从高祖父到曾孙称为"九族"，这"九族"代表着人的长幼秩序和家族血统的承续关系。

⑩母恩、子孝、夫和、妻爱、兄友、弟恭、朋信、友义、君敬、臣忠，这十义，是人人都应遵守的，不能违背。

⑪紊，紊乱。仁爱、道义、礼仪、智慧、信用，这五种不变的法则，是处事做人的标准，每个人都应遵守，不可怠慢疏忽。

⑫男孩与女孩是平等的，平坐平起。男女孩的性器官是不一样的，男孩的性器官像小鸡鸡，女孩的性器官像小兔兔，不结婚时，性器官是不可以交合的。

⑬如果偷偷地交合，则是羞耻而堕落的。

⑭俟（si），等到。没（mo），过世，老去。等到结婚以后，则要执手携老。

⑮这句历史朝代歌，是根据民谣改编的，原民谣为：黄尧舜禹夏商周，春秋战国乱悠悠，秦汉三国晋

统一，南朝北朝是对头，隋唐五代又十国，宋元明清帝王休。

⑯酬，实现、成功。孙中山要实现天下为公的壮志没有成功。

七、孝心篇

孩子小，须教导，身教做，言教缘，教之中，慈填充①。父母慈，子女孝，慈在先，孝在后②。亲恶子，莫要孝，亲爱子，孝必然③。父母呼，应勿缓；父母命，行勿懒；父母教，须敬听；父母责，须顺承；出必告，返必面④。事虽小，勿擅为，苟擅为，子道亏⑤；物虽小，勿私藏，苟私藏，亲心伤⑥。亲所好，力为具；亲所恶，谨为去⑦。身有伤，贻亲忧；德有伤，贻亲羞⑧。亲有过，谏使更，怡吾色，柔吾声⑨。亲有疾，床不离；丧尽礼，祭尽诚⑩。兄姐友，弟妹恭，手足亲，孝在中⑪。财物轻，怨何生？言语忍，忿自泯⑫。称尊长，勿呼名，对尊长，勿呈能⑬。尊长前，声要低，问起对，视勿移⑭。事诸父，如事父；事诸兄，如事兄⑮。

注解：

①父母教育孩子，要言传身教，"身教"教的是怎样做，"言教"教的是做的原因，不管身教还是言教，都要充满慈爱。

②父母有慈爱，子女才会孝敬，父母慈爱子女在先，子女孝敬父母在后。

③亲，指父母双亲。父母如果厌恶子女，就不要要求子女孝，如果父母慈爱子女，子女的孝是必然的。

④当父母呼唤你的时候，应该马上回应，不可以迟缓；在父母向你交代事情的时候，应该马上行动，不可以拖延偷懒；当父母教训你的时候，必须恭敬地听着；当父母责备你的时候，必须顺从地承受；在外出办事时，一定告知父母，回来后也必须要面告父母，以避免父母牵挂。

⑤擅，擅自。为，作。亏，欠缺。不要因为事情小就擅自去做，倘若自作主张地去做事，就不符合做子女的礼仪，要向父母道歉。

⑥就算是一些微不足道的东西，也不可以私自把它们藏起来，如果你把东西藏起来，一旦被父母发现，

他们一定会很伤心。

⑦好，喜好。力，尽力。具，备齐。恶，厌恶。去，除去。凡是父母所喜欢的东西，必须努力准备齐全；凡是父母所厌恶的东西，一定小心谨慎地处理掉。

⑧贻，让。羞，羞辱。假如身体有了伤，就会给父母带来忧愁；如果品德上有什么不足，就会使父母蒙受羞辱。

⑨谏，规劝。更，改变。怡，快乐。柔，柔和。父母假如有过错，做子女的应该多次规劝使其改正，规劝时态度必须和颜悦色，说话时声音必须要轻柔。

⑩疾，病。在父母生病的时候，必须日夜服侍在床前，不离开半步；父母去世后，为父母操办丧事要符合礼仪，举行祭礼时必须表现出极大的诚意。

⑪哥哥姐姐要善待弟弟妹妹，弟弟妹妹要尊敬哥哥姐姐，兄弟姐妹之间像手足一样亲善和睦，这也是对父母的一种孝顺。

⑫忿，怨恨。泯，消失。兄弟姐妹之间如果都把财物看得很轻，怨恨又能从哪里而生呢？说话时要彼此忍让，愤恨就自然会消失了。

⑬称呼尊长时，不可以直呼他的名字，在长辈面

前要表现得谦虚恭敬，不要过于自我表现才能。

⑭起，站立。移，转移。在长辈面前说话，声音要低些，长辈问话时，一定要站起来回答，双目望着长辈，不可以左顾右盼。

⑮事，侍奉。服侍叔伯等父辈，就如同服侍自己的父亲那样恭敬，对待同族的兄长，就好比对待自己的胞兄那样友爱恭敬。

八、母爱篇

母爱者，母本能，科学爱，母伟恒①。昔孟母，择邻处，子不学，断机杼②。窦燕山，有义方，教五子，皆卓越③。爱孩子，为什么？为子健，为奉献④。子健者，范畴三：曰思想，曰心理，曰身体⑤。或卓越，或平凡，品德好，都是宝⑥。求复兴，求共产，重任在，母亲肩⑦。

注解：

①母爱是母亲的本能，掌握了科学的母爱，母亲才是伟大的母亲，对孩子的影响才是恒久的。

②择，选择。处，居住。不学，不好好学习。杼（zhù），织布机上的梭子。战国时，孟子的母亲曾三次搬家，是为了使孟子有个好的学习环境，一次孟子逃学，孟母就用割断织机的布来教育他。

③义方，好办法。五代时，蓟州人窦禹钧教育孩子很有方法，他教育的五个孩子个个都优秀卓越。

④子健，孩子的健康。我们爱孩子为了什么呢？为了孩子健康，为了奉献社会，奉献祖国。

⑤孩子的健康，有三个方面：思想健康、心理健康、身体健康。

⑥或，有的人。我们的孩子有的卓越，有的平凡，不管卓越与平凡，只要品德高尚，就都是国家的宝贝。

⑦我们要实现中华民族的伟大复兴，要追求共产主义社会，重任在母亲肩上。

2018-5-22

参考书目：《弟子规》、《三字经》。

附　录

与父母们分享（1/2）

大家好！今天，我想与大家分享的是五个问题：帮助孩子立志，培养孩子健康的思想，培养孩子健康的心理，培养孩子的才能，培养孩子的爱心。

一、帮助孩子立志

立志是很重要的事情，父母要帮助孩子早立志。有人说，孩子还小，没有志向。这是不对的，其实，孩子在很小的时候就有志向，只是由于他接触的范围小，所以，立志受到局限。比如说，孩子在愿玩抓车的年龄，他的理想就是长大后开抓车；当他愿玩汽车的时候，他的理想就是长大后开汽车；上幼儿园接触到老师的时候，他的理想可能就是当老师；生病之后接触了医生，他的理想可能就是当医生。所以，要让孩子早日树立理想，就要让孩子多接触社会，了解社会上的多个角色。不要怕孩子小，立志不正确，没关系，志向可以改，随着孩子的成熟，理想也会成熟。

有人会说，那就等孩子成熟了，再立志，不行吗？孩子成熟了，有成熟的理想，成熟的理想要与国家的理想相呼应。比如，我们当今的社会，国家提出"要实现中华民族的伟大复兴"，实现"中国梦"，号召创新，各行各业，都要求创新，不管孩子喜欢电子、机械，还是喜欢文学、哲学，都要与国家的号召相呼应，要以一颗报效祖国的心态，来追求自己的理想，理想越高远，干劲越充沛。比如毛泽东、周恩来、朱德等等老一辈无产阶级革命家，都是抱着救国救民的远大理想而学习的，所以，不论学文还是学武，都取得了优异的成绩。胡锦涛、温家宝等领导者，第一学历都是学工科的，但他们的远大理想都是报效祖国。

鲁迅，几易其志，但他报效祖国、挽救民族的宏愿始终未改。所以说，不要怕孩子爱国，热爱祖国，热爱人民，为报效祖国、振兴民族而学习，为实现中华民族的伟大复兴而学习，那他学习的干劲会更大的，理想高远劲无穷。

那么，是不是孩子小时候的理想就没用了呢？孩子小时候的理想，可以使孩子们的生活快乐而充实，所以，不要抹杀那稚气、可笑的理想，要引导孩子的理想走向成熟。

在孩子生理、心理成熟的时候，理想也应该成熟，一个理想成熟的青年，奋斗才会有方向。当今的社会，书籍浩如烟海，真的是开卷有益吗？我认为不是这样，关键的问题是要有理想、有方向，要围绕着自己的理想、方向去选择书籍，高尔基说"书籍是人类进步的阶梯"，这话是对的，但是对于一个人来说，有理想、有方向、有目的地选书、读书，书籍才能成为你个人进步的阶梯。人的一生是短暂的，时间是宝贵的，如果盲无目的地去选书、读书，就会迷失方向，最后是一事无成。

当今有的父母，在帮助孩子立志的问题上，往往与国家利益、民族利益相脱节，孩子的立志只要能给孩子带来利益就行，根本就不关心国家、民族的利益，这就培养了孩子的利己主义思想。什么叫利己主义？利己主义，就是处处以我为中心，处处以自己的利益为中心，甚至为了自己的利益而伤害他人的利益，这是很可怕的事情。复旦大学医学院的投毒案，不就是这种心态的表现吗？几年前，还有个大学校园马加爵事件，也是校园惨案，教训是沉痛的，究其原因，就是利己主义所致。

所以，在帮助孩子立志这个问题上，父母一定要放开眼界、放开胸怀，引导孩子为报效祖国而学习，为民族振兴而奋斗，为实现中华民族的伟大复兴而奉献自己的青春与才智，既要脚踏实地，又要胸怀大志、志存高远，面向未来。

青年是祖国的未来，是民族的希望，做父母的，一定要为祖国与民族托起未来与希望。

有的孩子志向不在学习，这时，父母要善于发现孩子的爱好与兴趣，不管孩子爱好体育、文艺，还是爱好计算机、机器人等，只要有爱好，就有希望。还有的孩子爱好也没有，那可以培养孩子的爱好。父母的责任，就是要引导孩子将孩子的爱好与兴趣与祖国的需求相联系，祖国的建设需要各行各业的人才，爱好与兴趣只有与国家的需求、民族的振兴相呼应，才能成为腾飞的翅膀。

二、培养孩子健康的思想

所谓健康的思想，就是高尚的品德。在这里，父母们首先要明白思想道德素质与科学文化素质之间的关系，在这二者之间，思想道德素质是更重要的。

有的父母认为，思想道德素质没有用，只要科学文化素质提高了，就可以吃饱饭。那我们要问，人活着就是为了吃饭吗？如果人活着只是为了吃饭，那与动物有什么区别？人是高级动物，不能满足于最本能的需求，而是要在吃的基础上追求更高层次的幸福，这就要培养孩子的道德素质。

人的幸福，是物丰神怡，也就是物质丰富，精神愉快。没有物质不行，但只有物质也不行，要在物质的基础上追求情感，而道德，就是情感的维系者与守护者，不管亲情、爱情还是友情，都需要道德来维系。这是从成年人的角度来说的，而成年人的道德素质不是从天上掉下来的，而是从小培养出来的，所以，我们要充分重视未成年人的思想道德教育。

对未成年人的思想道德教育，父母是主角，而父母对孩子的道德教育，更准确的说法应是道德影响，也就是说，父母要想培养孩子的道德素质，必须从自身作起，用自己的行动来影响孩子，而不是我说你听式的说教。

那么父母应怎样用行动来影响孩子呢？用一句传统的说法就是：莫因善小而不为，莫因恶小而为之。比如，父母带孩子进公园时，特意绕路进去以逃票；上公交车时，让孩子猫腰上车，以逃车票；让家里的自来水龙头滴水，以省水钱；更有甚者，将水表倒装，反走字，省水钱；爷爷带着孙子到饭馆吃饭时，特意挑剔饭菜质量，以赖账等等，这些事情在父母看来都是小事，但正是这些小事，以无声的语言玷污了孩子们幼小的心灵，培养了孩子恶劣的品质。

我女儿在上幼儿园的时候，有一天，在我与女儿下班往家走的路上，前面的人带的苹果掉下了一个，滚到了女儿的脚前，女儿捡起来举到我面前，我说："快送给那个掉苹果的叔叔。"女儿快步跑上去，还给了那位叔叔。女儿再大一点，上小学时，有一天，回家问我："妈妈，为什么别人家的水嘴都滴水，而咱家的水嘴不滴水？"我故作懵懂地对女儿说："那不是偷水漏水吗？"在女儿上初中的一天，她表哥到我们家，得意洋洋地对我与我女儿说：他在一个小店里买了一张报纸，老大爷应该找他两元钱，但老人找错了，找了他二十元，他多赚了十八元。说这个事情时，他是那么地兴高采烈，而我却毫不客气地批评了他，我说：老人挣点钱多不容易？你就差那十八元吗?！我的话中带着气愤，我也是说给女儿听的。女儿上高中时，有时要与同学一起出去吃饭，我总是给孩子足够的钱，嘱咐女儿道：与别人在一起，不要沾别人的便宜。在我的影响下，我女儿的思想是很健康的，走到哪里，都有一群好朋友，这使我很放心，虽然现在女儿远在法国，但我相信她是一个受人欢迎的人，这就叫做：儿行千里母无忧。

三、培养孩子健康的心理

所谓健康的心理，就是愉快的心情，就是要给孩子一个愉快的心态，让孩子快乐成长，快快乐乐地长大的孩子，踏上社会后，就会有一个开朗的性格，现代的心理学研究认为，"性格决定成败"，所以说，孩子的性格是很重要的，也就是说，愉快成长是很重要的。

那么怎么样才能让孩子愉快成长呢？那就要求父母给孩子一个稳定的、和睦的、温暖的家庭，也就是说，父母不要离婚，不要让家庭充满战争。让孩子有安全感，是最起码的要求，对孩子来说，什么是幸福？孩子们的幸福就是安居乐学。

由于家庭不和睦、父母离异而给孩子造成伤害的事例比比皆是，精神病院的统计表明，50%

的精神病人，幼年时代不快乐。幼年时代不快乐的孩子，即使没有精神疾病，他的性格也是不健全的。

我们中国有一个传统的观念，认为孩子就应该吃苦，"不吃苦中苦，哪有甜中甜"，"宝剑锋从磨砺出，梅花香自苦寒来"，"英雄自古出少年，纨绔从来少伟男"，对于这些观念，我们也应该有颠覆性的思维，在我们当今物质文明高度发达的时代，难到就不能有"伟男"了吗？难到我们的物质丰富了，就要以孩子们的惰落、颓废为代价吗？那么怎样才能让我们的孩子在享受到物质财富的同时，也能够人格健全呢？这就要处理好孩子快乐成长与有所敬畏之间的关系。

我们要孩子快乐成长，并不是要孩子无所敬畏，天不怕、地不怕、无法无天，我们要教会孩子敬畏法律，敬畏道德，我们可以让孩子快乐、自由，同时也要让孩子遵守法律、遵守道德，要以遵纪守法为荣，以违法乱纪为耻；以团结互助为荣，以损人利己为耻……将"八荣八耻"传达给孩子，可以使孩子树立正确的、健康的荣辱观。

　　我的女儿，心理是很健康的，但是我与她父亲离婚了。我与她父亲的婚姻，可以说是一个错误的结合，什么错误这里就不说了，这里只说说我是怎样培养孩子的，以与大家分享。

　　在孩子两、三岁的时候，我就很想离婚，那时孩子是没有判断的，离也就离了，但我没有离，我想，孩子还不懂事我就离婚，等她懂事了，却是一个不完整的家庭，这对孩子太残酷了。所以，我就忍着，我想等孩子大一点、懂事了，与她商量一下，她同意了我再离婚。后来孩子长大了，上初中了，我与她商量：妈妈和你爸离婚好不好？女儿就掉泪，女儿说：你们离婚了，我学习还有什么用？我说：你该学习学习，和你学习有什么关系？女儿说：学习的目的不就是要别人尊重吗？你们离婚了，同学都瞧不起我，我成绩再好有什么用？我理解女儿的心理，孩子的自尊不比我的婚姻重要吗？所以，我还是忍，忍吧，等孩子上大学了、离开家了再说吧。后来，女儿上高中了，有一天，女儿对我说：妈妈，对于你与我爸离婚的事，我不那么想了。我知道女儿大了，理解我了，她同意我离婚了。到这时，我们终于离婚了，终于解脱了，这时女儿17周岁，我的痛苦婚姻维系了十八年。

在这十多年中，我对她爸总是忍让的，我不想与他发生冲突，任他怎么发脾气、找女人、分居、不给钱，我都是忍让的，为的就是给孩子一个和平的环境，但是，再怎么忍，也是不和睦的，女儿从我们这里没有得到多少温暖。

说句公道话，女儿健康心理的培养，她的爷爷奶奶是功不可没的。她爷爷奶奶相处得很和睦，他们的家庭是很和谐、温暖的，她们对孙女也是很痛爱的，所以，我女儿很愿意到她奶奶家去，一到放假，就去奶奶家了，对这一点，我从来没有阻拦过，只要女儿愿去，我就支持，女儿从爷爷奶奶那里，学会了与人相处、与人沟通，这一点，我是很明白的，我也很感激她的爷爷奶奶，至于他们对我怎么样，那是另一回事。

四、培养孩子的才能

我们都希望孩子有才能，那怎样培养孩子的

才能呢？要培养孩子的才能，本质的工作，就是培养孩子的自尊心、自信心、上进心，即"三心"的培养。

1. 自尊心的培养

要培养孩子的自尊心，就是要尊重孩子，不要随便骂孩子、嘲笑孩子，尤其不能当着众人朝孩子发脾气，要像爱护孩子的眼睛一样爱护孩子的自尊心。对于一个成年人来说，如果没有自尊心，就会随随便便地犯错误，常言道：人要脸，树要皮，人不要脸没有治。这是多么可怕的事情？而成年人的自尊是从哪里来的？是从小时候培养出来的。我们现在有的父母，逼着三四岁的孩子出去要钱，考虑过孩子的自尊没有？这与逼良为娼有什么区别？

常言道：当面教子，背后教妻。其实不对，对孩子的教育也不能当着大众的面，我们可以批评孩子、惩罚孩子，但批评、惩罚一定要适度，以改正孩子的错误为目的，不能侮辱孩子的人格，不能伤害孩子的自尊。

前几天，威海有一则消息，一个十三岁的女

孩，因为偷了超市的糖果，遭到超市保安人员的侮辱，母亲来后，当众打孩子，结果这个花季女孩就跳楼自尽了。

这样的事情是很值得思考的，首先我们要承认孩子是犯错了，那么孩子为什么会犯错？是不是自尊心的缺失呢？有人会认为是物质条件的贫乏，那么，没钱就该偷吗？我们的古训可是"贫贱不移志"哟，我认为，贫穷不是重要的原因，重要的原因是自尊心的缺失。而你说她自尊心缺失吧，当她受到侮辱与打骂时，她又以死抗争，这又表现出她极度的自尊。

所以说，孩子自尊心的培养问题，我们要给予充分的重视，首先要培养孩子的自尊，有自尊的孩子少犯错，同时也要知道孩子终究是孩子，你不能要求他一点错也没有，当孩子犯了错误时，父母的管教一定要得当，要以孩子能够接受的方式进行，不能过激，不能伤及孩子的自尊。

2. 自信心的培养

父母要培养孩子的自信心，就要善于发现孩子的长处，并及时地给予肯定、表扬与鼓励，让孩子看到自己的价值所在，这是一个方法，还有更重要的方法，就是父母要善于处下。

孔子是一个很博学的人，但他的儿子孔鲤却很不成器，而儿子的儿子又很成功，孔鲤临终时对他父亲说：你子不如我子。又对他儿子说：你父不如我父。这是为什么呢？我们是不是应该领悟到：强势的父亲孩子弱势，弱势的父亲孩子强势呢？我们当今有的官员、歌星、笑星等，自己很优秀，而孩子却很恶劣，也是同样的道理。既然这样，我们的父母就要思考，怎样掌握强势与弱势的分寸，当孩子需要保护、需要引领的时候，父母可以表现出智慧、强势的一面；当孩子需要自信、需要鼓励的时候，父母就要表现出弱势的一面。

我女儿刚开始学英语时，有一天我看到一张英文的产品说明书，于是我就拿到女儿面前对女儿说："圆圆，你看这上面的字我一个也不识，你可要好好学英语哟！可别像我这样不识字哟！"像这样的影响不用多了，一次她的印象就是很深的，我女儿的英语成绩一直很好。

孩子的自信心是很重要的，孩子有了自信心，才能不甘人后，力争上游，自信心，永远是上进的源泉。

3. 上进心的培养

孩子有了自尊与自信，上进是必然的。就拿学习来说，自尊心强的孩子，为了尊严、为了面子，他会努力学习的；自信心强的孩子，他相信自己能够成功，相信自己有这个能力，他也会努力学习的；既自尊又自信的孩子，一定会勤奋好学，勇攀高峰的。

要培养孩子的上进心，就要强化孩子的自尊心与自信心。这里应该注意的是，自尊不等于嫉妒，自信不等于自大。自尊的同时要尊人，自信的同时也要信人，"己欲立而立人，己欲达而达人，己所不欲，勿施于人"，要培养孩子这样的胸怀。

一个富有自尊心、自信心、上进心的孩子，一定是一个永攀高峰的勤奋者，一定是一个出类拔萃的佼佼者，即使不表现在学习上，踏上社会后，也会表现在其他方面，比如领导者、企业家、社会活动家等，即使是个农民工，也有可能当人大代表，这就是对孩子才能的培养。

当今有的父母，总是在学习成绩上与孩子过不去，为了学习成绩的提高而伤害孩子的"三心"，这可是丢了西瓜捡芝麻哟！别忘了，孩子的才能不一定表现在学习成绩上。当然，并不是说学习成绩不重要，而是说培养孩子要因人而异，学习成绩并不是衡量孩子才能的唯一标准，而"三心"的健全，才是孩子才能的本质所在。

五、培养孩子的爱心

爱心，是道德的实质，富有爱心的人，能够自觉地遵守道德。爱心培养的问题，是一个繁杂的问题，它需要社会、学校、家庭共同行动。在这里，我只结合着孝心培养的问题，谈谈家庭中的父母该怎么做。

父母生养孩子，都希望孩子孝，这是人之常情，但是，父母应明白，如果我们想让孩子只爱自己（孝，就是孩子爱父母），不爱他人，那就是自私的心态，父母要有宽阔的胸怀，要培养孩子的博爱之心。所谓博爱，就是要让孩子不仅爱自己，而且爱他人，爱同学，爱老师，爱社会，爱祖国，这就是博爱。那么怎样培养孩子的博爱之心呢？那就要求父母要有博爱之心，当父母具有博爱之心时，这种情感就会自然而然地传达给孩子。

比如说，当孩子带了同学或朋友回家时，父母对孩子的同学或朋友有没有爱意呢？如果父母能够以"幼吾幼以及人之幼"的心态对待孩子的同学或朋友，那么，孩子自然也会待朋友以友爱；如果父母觉得只有自己的孩子可爱，别人的孩子都讨厌，对孩子的朋友冷言冷语，那么孩子会对朋友产生怎样的情感呢？朋友又会对孩子产生怎样的情感呢？如果这样的话，孩子必然从情感上疏远朋友。如果孩子大一点，与朋友的友谊不能割舍，那他就会疏远父母，这就不能培养孩子的博爱之心，孝心也会受到影响。

再如，当你带孩子去买菜或购物的时候，你对售货员有没有爱意？当你带着孩子乘公交车的时候，你是抢座还是让座？当你与孩子一起看电视的时候，你对所评论的人与事是否传达了正确、健康的情感？当你争取权力的时候，你是为了奉献，还是为了索取？当你制售商品的时候，你是诚信经营，还是制假售假？你对孩子的老师有怎样的情感？你对执政党的感情怎么样？你对祖国的感情怎么样？你对人类的感情怎样？这一切的一切，都影响着孩子的心灵，影响着孩子的情感，所以说，要培养孩子的博爱，首先要培养自己的博爱，你只有真真切切地富有博爱之心，你才能给孩子一颗博爱之心，孩子爱心的起点，就是父母爱心的水平。

当孩子真正具备一颗博爱之心的时候，他也必然孝敬父母，因为父母也是人类的一分子，孩子怎么可能爱人类不爱父母呢？

关于孩子孝的问题，父母不要急于求成，孩子孝敬父母，也是孩子的本能，孩子刚会笑的时候，他是对着妈妈笑，当他刚会蹬车的时候，他说要拉着父母。但是在孩子成长的过程中，由于父母与孩子双方的原因，孩子的孝心可能会游离于父母，不要紧，只要父母真真切切地爱孩子，孩子终究会觉悟的。

当然，并不是说，父母可以忽视孩子的感情，只是因为我们当今的父母，掌握科学之爱的方式太少了，父母究竟该怎样掌握科学的爱，怎样使孩子的孝心不游离于自己，这又是另一个话题，在下一篇中再谈，这里我们还谈孝的问题。

我们中国的传统文化，总是强调孝，"百善孝为先"，有的父母，从孩子很小就要求孩子孝，动辄以"不孝"相责难，认为"棍棒底下出孝子"。当今的父母要明白，孝不是逼出来的，而是爱出来的，处处被逼着孝的孩子，是会畏惧父母的，如果一个孩子在家里畏惧父母，那他踏上社会以后也会畏惧他人，一个在社会上畏畏缩缩的人，将是一事无成的人，这一点，父母是要明白的。

所以说，父母不要急着要孩子孝。"养儿方知父母恩"，在孩子的成长过程中，要与孩子交朋友，与孩子平等相处，做孩子的良师益友，才是最重要的；能够与父母和睦相处、友好沟通的孩子，踏上社会后才能容易与他人形成良好的人际关系，及早地进入社会角色，成就自己的事业。

在我女儿的成长过程中，我从未要求过女儿孝，女儿有时与我争论得面红耳赤，甚至训斥我，我从来也没生气，反而心中窃喜，心想：这孩子行，吃不了亏。有一天晚上，我对女儿发脾气了，女儿负气回她房间了。我越想越难过，生怕女儿害怕我，生怕女儿做噩梦，思来想去，终于推开女儿的房门，真诚地向女儿道了歉。

一份耕耘一份收获，现在女儿已经结婚了，对我很好，虽然远在异国，我并没有什么担忧与顾虑，我相信女儿有爱心，有友情，有爱情，有胆量，女在异国我无忧。

常言道：可怜天下父母心。父母心为什么是可怜的，因为父母总也没有掌握科学的爱，虽然总是为孩子付出了全部的爱，却总是不能如愿以偿，所以总是可怜的。高尔基说：母亲是伟大的。做了母亲就伟大吗？如果说做了母亲就伟大，那么母猫、母狗也是伟大的，那么伟大还有什么意义？说母亲伟大，是因为母亲富有母爱，其实，母爱是母亲的本能，科学的母爱才是伟大的母爱，掌握了科学的母爱的母亲，才是伟大的母亲。所以说，做母亲容易，做一个伟大的母亲并不容易，我们每一个做母亲的，都不能只满足于本能的母爱，都要努力提高自身的素质，努力掌握科学的母爱，争做伟大的母亲，培养真正健康的孩子，为孩子们的幸福而努力。

2016-1-26

与父母们分享（2/2）

大家好！今天与父母们再分享五个问题：孝心是孩子的本能，理解孩子的心，培养孩子正确的爱情观，培养孩子唯物主义世界观，生养孩子为了什么。

一、孝心是孩子的本能

孝心的实质，就是孩子爱父母。孩子是父母生养的，当他来到这个世界时，睁开眼睛看到的第一个人就是自己的父母；当他刚会笑的时候，他是对着自己的母亲笑；当他刚会蹬车的时候，他说要拉着爸爸妈妈——孝心是孩子的本能。就这样一个简单的道理，有的父母就不懂。

我在十岁大的时候，在一个夏天的傍晚，我母亲坐在院子里乘凉很晚了，我好意地对我母亲说："妈妈，天黑了，回家吧。"我母亲就正色道："怎么，你还管着我了吗!"

我在十三岁的时候，有一天，我父亲在家里蒸馒头，打开锅盖一看，碱大了，自己很懊恼，我看到父亲难过的样子，便安慰道："不要紧，我最爱吃碱大的馒头。"父亲立刻迁怒于我，怒斥道："他妈的，我是做给你吃的吗?!你还幸灾乐祸!"

也是在我十三四岁的时候，有一天，我母亲对我说："你爸爸最近腿痛，你不要让爸爸骑自行车时带着你。"我记住了母亲的话，第二天放学回家的路上，我就拒绝了父亲的自行车，回家后，就遭到了父亲的责骂："你他妈的就是懒!不想早点回家帮我做饭!"

饭桌上，我八岁的弟弟把一碗水饺送到我母亲面前说："妈妈，您吃了吧。"我母亲说："你为什么不吃?"我弟弟说："我不愿吃。"其实弟弟是很想吃的，他是为了让妈妈吃才这么说的，而我母亲却看不透弟弟的心，立刻正色道："哦，不愿吃就给我吃吗!越是不愿吃越得吃!"我弟弟委屈地哭了，我母亲却不知道儿子为什么哭。

我父母的例子，可能是一个极端的例子，但是看不到孩子孝心的父母，应该是不只我父母吧？很多父母，总以为孩子不懂事，以为孩子只知道吃穿，不知道孩子还有情，孩子的一片孝心被视作无知，甚至恶意，孩子能不怨恨吗？久而久之，便与父母形成了对立，于是，父母便抱怨孩子没有孝心，其实，孩子的孝心是被父母扼杀了。我经常听到有的人抱怨自己为孩子付出了很多而孩子不孝，其实你应该想一想，是否自己太大意、太粗心，刺伤了孩子的心？

孝心，是爱心之一，孩子爱父母，是人的健康情感，如果这个情感被破坏了，与父母形成了对立，那这个孩子就很难与他人形成融洽的人际关系。就看我们周边的青年，有的开朗大方、热情稳重，有的孤僻内向、难以相处，这都能从他的家庭中找到原因。所以说，父母一定要细心、敏感，明察孩子的心理，及时捕捉孩子的情感，与孩子形成良好的互动，培养孩子宝贵的孝心，从而培养孩子健康的性格。

培养孩子孝心的问题，父母也要以身作则，孝敬自己的长辈，但父母要明白，孝敬长辈的目的，就是为了让老人愉快、幸福地度过晚年，并不是为了做给孩子看的，只有对长辈真诚的孝心，才能培养孩子真诚的孝心。

有段电视公益广告，演的是一青年妇女给生活不能自理的母亲洗脚，五六岁的儿子看到后，也端来一盆水，给妈妈（这位青年妇女）洗脚，妈妈欣然接受了。这段公益性广告给人们的教育是：敬养老人是为了给孩子做榜样，以达到让孩子敬养自己的目的。这就把纯洁、高尚的爱引向了利己，曲解了爱的内涵。难道敬养老人只是为了做给孩子看吗？如果是这样，那么如果孩子不在面前，或者没有孩子，就可以不敬养老人，或者虐待老人吗？

做父母的都希望孩子爱自己，这是人之常情，那么怎样使孩子爱自己呢？当然，以身作则爱前辈，这是对孩子的良好熏陶，但最根本的是要给孩子以科学的爱，以真诚的情，从而培养孩子的爱与情，让孩子发自内心地、富有感情地爱父母、敬养父母，这样的爱与敬才是自然的、稳固的爱与敬，才能经久不衰。任何时候都不能用欺骗或强迫的方式使孩子爱自己。广告中，五六岁的孩子给年轻力壮的母亲洗脚，这对孩子是不公平的，孩子是学母亲的行为，但母亲的行为是有条件的，其条件是前辈年老体弱，不能自理，而年轻的母亲不具备这一条件，所以，当孩子为其端来水洗脚时，母亲应解释道：妈妈现在还年轻，不用你洗，等妈妈年老不能自理时，你再给妈妈洗。孩子一定会欣然明白一些道理。切不可趁孩子不明事理之机，获取利益，这不叫欺压也叫欺骗，不是尊重未成年人的表现。如果长此下去，收到的一定是苦果。

还有的父母，知道孝心是孩子的本能，以为不管自己怎样做，孩子都会孝敬自己，即使离婚离开孩子，孩子长大了也会孝敬他，于是，忽视孩子的情感，轻易离婚不管孩子，这样的思维与行为，我也是不赞成的。

孩子爱父母是孩子的本能，而孩子在表达爱的同时，他也希望得到父母的爱，希望与父母形成爱的沟通、交流，当孝心的表达总是不能被接受、交流的时候，孩子的孝心就会游离于父母，而当孩子长大了、懂事了、孝心回归的时候，那就需要觉悟，什么时候才能觉悟？能不能觉悟？这就取决于孩子被伤害的程度，被伤害的程度越大，孩子的痛苦越多，觉悟得越晚，甚至不觉悟。

在中国的传统文化中，教育孩子孝的故事很多，如鞭打芦花、卧冰求鲤等故事，但现在看来，太苍白无力了，不觉得有愚弄孩子的倾向吗？所以，我们现代的父母，面对现代的孩子，一定要掌握科学的爱，只有科学的爱，才能培养孩子真诚的孝。

二、理解孩子的心

所谓理解孩子的心，就是要知道孩子在想什么，就是通过观察孩子的行为，知道孩子的目的，实在看不明白时，要与孩子沟通，通过交谈知道孩子的想法与目的。

比如，我小的时候，总愿拆玩具，姐姐传给我的玩具，都被我拆坏了，一个也没留给弟弟，弟弟的玩具也被我拆了，有的也拆坏了。我拆玩具的目的，就是想弄明白玩具是怎么制造的，玩具炮、玩具枪等我都弄明白了，最后拆的是一个闹钟，那时我十四岁左右，将闹钟拆开后，没有弄明白它的原理，从那以后就再也不拆了，因为我觉得复杂的东西是拆不明白的，要想明白制造原理，还是得靠学习知识。我就是这样的想法和行为，可是对我的这些行为，父母是不理解的，他们说我是败家子，不是好孩子，看到我拆玩具就骂我，如果父母能问问我为什么拆玩具，我是会告诉他们的，但他们从来没有问过我，我也从来没有说。

在我五六岁的时候，父亲与母亲在闲暇时让我唱歌，他们说：看你姐姐都唱歌，你也唱一支歌。我从来不唱，不管父母怎么说，我就是不唱，给多少钱也不唱。我为什么不唱呢？因为我怕唱不好，大家会笑话我，这就是自尊心强的表现，而我父母却不知道，他们就是觉得我不听话。

对于理想的问题，我在很小的时候就有思考，经常想长大了干什么，在小学三年级的时候，我看过体操表演，很是喜欢，于是我就想，长大了当体操表演者，于是，我就到院里的高低杠、单杠上锻练，可是我练了几天后，发现自己不是这块料，单杠上不去，高低杠也玩不好。到了小学四五年级时，接触到了文学，我特别喜欢，就想当一个文学家。老师说，想当文学家，必须多看书，于是，我就来家找书看。可是父母发现我看书时，他们非常气愤，母亲说："我生你养你，就是为了让你给我干活儿，长大了给我挣钱，你整天看书干什么？不许看书！"父母从来没问过我为什么看书，我也从来没说过，我为什么不说呢？因为我怕说了想当文学家的理想后，如果理想不能实现，那不是给人笑柄吗？还是自尊心强的问题。

在我上高中的时候，有一天，父母问我："你长大了想干什么？"我说："我长大了去挑大粪。"我这么说是赌气的说法，我希望父母能继续问我为什么想去挑大粪？我会说：因为你们不让我学习，你们不让我学习我不得去挑大粪吗？！可是父母没有继续问，我也没有继续说，在父母眼里，一个想挑大粪的孩子，应该不是一个好孩子吧？

在我十二岁左右时，有一天，我拿了一根黄瓜，正准备吃时，我五岁左右的弟弟向我要，说他也要吃，于是，我就随手掰了一半递给了他，没想到旁边的父亲立刻朝我发脾气，说我特意将黄瓜腚给了弟弟，而把黄瓜头留给了自己，太自私了！我看看手中的黄瓜，确实是黄瓜头，但我那时，根本就不知道黄瓜头好吃、腚不好吃呀。我心理很委屈，也很生气，但我什么也没说，因为父亲的脾气已经发完了。

我的童年、少年是很痛苦的，父母的不理解与我自己的自尊内向，是痛苦的根本原因。时至今日，我也做母亲了，我所经历的挫折，就是我的财富，当今社会上自尊内向的孩子不乏其人，做父母的一定要通过孩子的行为，理解孩子的心，不能理解时要多询问、多沟通，不要凭主观意断去推测孩子、曲解孩子，孩子不被理解时，是很痛苦的，虽然与父母的物理距离近在咫尺，但心灵的距离却是远在天涯的。

前几天，我在书店卖书，我对一位母亲讲完母爱的问题后，一直在旁边听讲的一位短发女孩走过来，眼中噙着泪水对我说："阿姨，我很赞同您的观点，我总觉得我的爸妈不理解我。"我说："你觉得你的爸妈不爱你吗？"女孩摇摇头说："不是，他们就是不理解我。我现在在威海上大学一年级，学校放假了，同学们都回家了，我不想回家，您说，我这样做对、还是不对？"我深知这种不被理解的痛苦，深情地对孩子说："你这样做，是可以理解的。"女孩没有多说什么，红润的圆脸上略过一丝满意。

父母是孩子的第一任教师，要当好这第一任教师，首要的条件就是要了解、理解你的孩子，你只有了解孩子、理解孩子，才能因势利导地引领、培养孩子，如果你对孩子的特点、想法、理想、情感等都一无所知，那你怎么帮助孩子呢？

孩子与孩子也是不一样的，自尊心强的孩子，性格比较内向，不轻易表达自己的想法与情感，也不盲从，对这样的孩子，父母要更努力地与孩子沟通，更努力地了解孩子的内心世界，更努力

地做孩子的良师益友，不能像我父母那样，简单
地以一句"不听话"做了结。

三、培养孩子正确的爱情观

"人生是花，爱情是花的蜜。"爱情是美好
的。我们追求爱情、享受爱情，同时，我们也希
望我们的孩子们也能追求到爱情、享受到爱情，
要想让孩子们享受到爱情，那我们就要让孩子们
树立正确的爱情观，如：爱情专一，忠于爱情。
以忠于爱情为荣，以见异思迁为耻；以从一而终
为荣，以喜新厌旧为耻；以互爱互让为荣，以唯
我独尊为耻。夫妻之间，平等相处，心心相印，
互敬、互爱、互助、互勉、互信、互谅、互让、
互慰，共同承担着家庭的责任与义务，既反对大
男子主义，也反对大女子主义。要想将这些观点
传达给孩子，还是要夫妻脚踏实地地去做，用自
己的行动感染孩子。

如果父母今天吵嘴，明天打仗，今年离婚，
明年改嫁……首先孩子安居乐学的幸福得不到保
障，同时，他也很难树立起正确的爱情观，他的

家庭、爱情也许会一塌糊涂。

在家庭中，夫妻是终生伴侣，孩子是过客，孩子要在父母的家庭中出生、成长，长大以后，要寻找自己的爱情伴侣，组建自己的小家庭，享受自己的爱情生活，父母要为孩子的将来着想，让孩子们长大后能够享受到自己的幸福，才是父母最终的目的。有的父母，总把孩子对自己的孝放在首位，总觉得自己生养子女不容易，孩子就应该一生一世孝敬自己，找了媳妇或女婿也应该是为自己服务的。这种想法、做法太自私了，是封建社会的余孽，不适合于我们当代的社会，是不应该提倡的，当代的父母们，也应该有自强自立的精神，不要事事都依赖于孩子。

我们要求孩子孝，这是正常的要求，但凡事都要有度，不能过度地要求孩子孝。当今的社会，物质条件都比较优越，生活环境也比较便利，既不用挑水、砍柴，也不用买煤、扛气，医疗服务、养老服务都趋向于完善，交通、信息又高度发达，在这样的时代中，父母们也要乐观开明，放开孩子们腾飞的翅膀，让孩子们自由翱翔，只要孩子们能够找到幸福的家园、幸福的归宿，就应该为他们祝福，在这样的时代中，如果父母还要求孩子"父母在不远游"，那就不合时宜了。

在当今的社会中，有的人在择偶时或结婚后，就要求对方孝，只要对方对我父母孝，我就满意了，只要他（她）对我父母孝，我就对他（她）好。这种想法与做法，是中国传统文化中的糟粕，是不可取的。翻开中国封建社会的历史，在"百善孝为先"思想指导下，从皇宫到百姓，上演了多少悲剧?! 这不是与时俱进的思想。中国共产党一直在倡导社会主义道德，但在所提出的诸多的道德规范中，都没有"孝"，这也体现了中国共产党的睿智。

有的父母向孩子灌输"夫妻本是同林鸟，大难来时各自飞"，这种对爱人不负责任的观念，对孩子将来爱情的影响也是不利的，父母这样宣传要传达的意思是"只有父母对孩子的爱才是经久不衰的"，从而抓牢孩子的孝心，是这样吧？这不是宁肯牺牲孩子的爱情，也要孩子孝吗？这不太自私了吗？

在当今的信息时代，孩子们也趋于早熟，早恋现象比较多，我们不提倡早恋，但如果孩子早恋了，父母要给予孩子正确的引导。前几天，一位高中男生给我发了一则短信：怎样才能让一个女孩快乐、幸福？我给他回了一则短信：给她一个优质的你自己。

孩子早恋，都有具体的原因，具体问题要具体分析、具体对待，不能一概而论，一个总的原则，就是想办法把孩子的爱情转变为孩子进步的动力，强制性的反对，不一定能收到好的效果。

总之，要想培养孩子正确的爱情观，父母自己必须树立正确的爱情观，摆正自己的爱情与孩子的成长、孩子的孝心之间的关系，用自己的行动，潜移默化地影响孩子，以孩子将来能够获得自己的爱情为目的。

四、培养孩子唯物主义世界观

关于唯物主义与唯心主义的问题，对孩子来说，是难以理解的，但对我们父母来说，要有清醒的认识，因为我们父母的观念，会直接传达给孩子，比如说，父母进教堂的时候，经常领着孩子；父母烧香磕头的时候，也不会避开孩子。所以说，对于唯物主义与唯心主义的选择，父母们不要草率，要对孩子们负责任。究竟唯物主义好还是唯心主义好？我们这里就分析一下。

先说宗教。所有的宗教都是唯心主义，不管是佛祖、上帝还是真主，都是威力无边的神，信靠神，敬畏神，服从神，就能免遭魔鬼的伤害，就能获得来世的幸福……这些都是宗教的观点。可是，在我们的现实生活中，谁听到了神的话语？服从神时，该怎么做？宗教里的戒条也不少，可是有我们的法律、道德明确，科学吗？来世的幸福谁能看得见？我们要做好人、做好事，我们也要获得今生今世的幸福。

宗教有它的益处，它慰藉百姓的精神，安抚人们的心灵，为人们提供了精神家园，正因为这样，所以中国共产党的宗教政策是信仰自由，而中国共产党的指导思想可是唯物主义的马克思主义。为什么共产党要坚持唯物主义呢？因为在人类的历史上，宗教主宰一切的时代是有过的。

在西欧的中世纪，宗教一手遮天，国王要教会任免，哲学伦为宗教的婢女，教会与专制王权相互勾结、鱼肉百姓，百姓终日战战兢兢地祷告上帝，唯恐被上帝惩罚，科学的发展也被禁锢，像科学家哥白尼一样被教会以火刑炮烙处死的人不计其数，西欧的中世纪在历史上被称为黑暗的中世纪。

为了摆脱黑暗，人类经过了艰难的抗争，西欧的宗教改革、文艺复兴、启蒙运动，都是为了摆脱宗教、追求人权而进行的思想解放运动，唯物主义与唯心主义的大辩论、大论战，激烈而持久，马克思主义哲学的诞生，以唯物主义的彻底胜利而告终。

当今世界，宗教极端主义者，在全球范围内，不择手段地输出本民族的宗教信仰，企图还用宗教统领天下，如果他们的企图能够得逞，西欧中世纪的悲剧还会重演，人类将会再次走向灾难，所以，中国共产党要坚定地坚持马克思主义基本原理，坚定地坚持唯物主义世界观，只有唯物主义理论，才能照亮人类的未来，人类的幸福还要靠人类自己去创造、去追求，"从来就没有什么救世主，也不靠神仙皇帝，要创造人类的幸福，全靠我们自己……"（《国际歌》中的歌词）

再说中国的封建文化。新中国成立伊始，对于封建文化全盘否定，这也是不可取的，中国的封建文化，博大精深，有精华，有糟粕，我们要有所鉴别，有所扬弃，取其精华，去其糟粕。而现在，有的人在宣传传统文化时，却分不清是非，宣扬封建礼教、封建迷信，还夹杂着宿命论。

前几天，我去听了两次佛教大师讲《论语》的课，他强调"百善孝为先"；宣传要给父母下跪、磕头，给师傅下跪、磕头；说母亲是家中的神，拥抱母亲就有好运；提倡祭祖坟、祭祖魂，做不到就要招灾招难；反对男女平等……这些观点，都是封建文化中的糟粕，是不能汲取的垃圾。

对于封建文化的改造，我们还是应该服从共产党的引领，中国共产党从新中国建国伊始的毛泽东时代，到现在要实现"中国梦"的习近平时代，提出过诸多的道德规范，却从来没提过"孝"，虽然我们的传统文化中提出"百善孝为先"；对下跪、磕头等封建礼仪，早已定为封建陋习；尊重母亲是对的，而把母亲神化则是错的；不反对祭祖祭坟，是为了尊重我们的传统习俗，而发展到迷信的程度，则是反对的；对于"尊重女性，解放妇女，男女平等"的思想，中国共产党的宣传也是一以贯之、从未改变的……中国共产党所提出的"要实现中华民族的伟大复兴"，决不是简单的全面复兴传统文化，而是要求对传统文化有分析、有取舍，有继承、有创新，如果全面复兴中国的传统文化，那将是开历史的倒车。

总之，中国共产党是一个睿智的党，是一个真正为人类谋幸福的党，引领世界未来的，必将是坚持唯物主义世界观的中国共产党。共产党既然坚持唯物主义世界观，那么我们做父母的，就应该摒弃各种唯心主义的诱惑，坚定不移地树立唯物主义世界观，从而带领孩子跟党走，这才是对孩子们负责任的选择。

五、生养孩子为了什么？

关于生养孩子为了什么的问题，我做过社会

调查，有很多人认为，生养孩子的目的就是为了让孩子孝，有个朋友给孩子起名叫大锁，意即锁住他，别跑了。在我们的封建传统中，也有"养儿防老"的说法。对这个观点，我在前文中已有分析，这是狭隘的利己主义思想。

我们生养孩子，对孩子来说，是为了孩子幸福，对父母来说，是为了天伦之乐，而孩子的幸福与父母的天伦之乐是分不开的，孩子幸福了，父母才能享受到天伦之乐，孩子不幸福，父母能快乐吗？所以说，在这二者中，孩子的幸福更重要。

孩子的幸福，不仅包括成年后的成年幸福，而且包括未成年时期的成长幸福。在改革开放的初期，上海市民信奉"母亲是伟大的"，于是，母亲们行动起来了，有的逼着孩子练琴，有的逼着孩子练舞，有的逼着孩子练歌……一时间，上海出现了一批童星，有钢琴童星，有舞蹈童星，有歌唱童星等等，然而，在记者采访这些童星时，没有一个是快乐的，个个都有一本痛苦史。记者发现一个钢琴童星的额头上有许多黑点，询问她为什么时，女孩流着泪告诉记者："是妈妈用铅笔戳的，只要我不练琴，妈妈就用铅笔戳。"孩子们虽然获得了一技之长，但却以成长的痛苦为代价，这是得不偿失的。

所以说，母爱的问题，真的是一门科学，做父母的一定要认真对待。在我们物质财富日益丰富、文化水平日益提高的当代，我们不能再信奉那种"孩子就应该吃苦"的理念，我们要让我们的孩子们既快乐成长，又长大成才。

对于孩子叛逆期的问题，有人认为，这是孩子青春期的表现，认为孩子就应该有叛逆期。我认为，这是不应该的。孩子出现叛逆，是因为他的成长过程不快乐，甚至痛苦，在被压迫、被曲解、被支配、被忽视等等不愉快的心态中成长的孩子，当他稍稍成年，感到不公平时，他就会叛逆。如果孩子在平和的、愉快的心态中成长，他是不应该有叛逆的。如果孩子出现叛逆，责任应该在父母。

还有人认为，孩子长大了踏上社会时，是要走弯路的，甚至认为，孩子就应该走弯路。其实，有叛逆期的孩子，最容易走弯路，不管在事业方面还是在生活方面；而与父母关系融洽的孩子，容易接纳父母的规劝与指点，有幸福感，有安全感，能够理智地支配自己的情感与思维，是不容易走弯路的。孩子走弯路，父母是有责任的。

总之，父母生养孩子，就是为了孩子的幸福，未成年时期的成长幸福，影响着、决定着成年时期的成年幸福，父母的责任与义务，就是把握好孩子的成长幸福，从而影响孩子的成年幸福，在孩子身体成熟的同时，给孩子成熟的思想与心理，在孩子思想、心理、身体都成熟的时候，就要放飞孩子的翅膀，让他为实现自身的价值、为人类的幸福而奉献自己的青春与才智。

家庭是人的基本生活群体、初级生活圈，如果把一个成年人比作一棵大树的话，那么他童年、少年时期的家庭影响，就是这棵人树的根基，根正则树直，父母就是这树根的栽培者和守护者。

2016-2-3